Johanna Jahnel

Glück und andere Momente

Kurzgeschichten aus dem Leben

Johanna Jahnel

Glück und andere Momente

Kurzgeschichten aus dem Leben

Bibliografische Information der Deutschen Nationalbibliothek:
Die Deutsche Nationalbibliothek verzeichnet diese Publikation
in der Deutschen Nationalbibliografie;
detaillierte bibliografische Daten sind im Internet über
dnb.dnb.de abrufbar.

© 2023 Johanna Jahnel
Buchsatz und Covergestaltung: Werner Ochs
Fotografien: Johanna Jahnel

Herstellung und Verlag: BoD – Books on Demand, Norderstedt

ISBN: 978-3-757-86030-1

AUTOBIOGRAFIE

Johanna Jahnel geboren 1948 in Immenhausen bei Kassel.
In ihrem „Ersten Leben" – Ausbildung zur Erzieherin,
später dann Ausbildung zur Altenpflegerin.
Fast 40 Jahre mit viel „Herzblut" und in leitender Tätigkeit
ihre „Berufung" gefunden.
Mit 62 Jahren, sensibilisiert und inspiriert durch eine gute
Freundin, die Menschen auf „besondere Weise" ans Schreiben
heranführen kann und einen guten Freund, der schon lange
dem Schreiben verfallen ist.
Beides professionelle Lehrer und beide maßgeblich daran
beteiligt, dass dieses Buch mit Texten aus dem ganz
alltäglichen Leben, mit all seinen Begrenzungen, aber vor allem
mit all seinen glücklichen Momenten aus ihrer Sicht
zustande kam.
Mut, Humor und Vergebung stehen dabei im Vordergrund.
Mein Dank gilt meiner „Mutmacherin" Angelika
und allen anderen WegbegleiterInnen und UnterstützerInnen.

VORWORT

Schon allein der Titel „Glück und andere Momente" lässt den Lesenden erahnen, wie dicht die lebenserfahrene Autorin ihrem Leben nicht nur auf der Spur zu sein scheint, sondern aus den tiefen Spuren ihres langen, bisherigen Daseins mit genauem Blick und sprachlichem Feingefühl mit leisen, einprägsamen Texten reale, sehr menschliche und zwischenmenschliche Situationen beschreibt.

Sie versteht es meisterhaft, das Wunderbare des Augenblicks in allen Facetten literarisch aufzunehmen und zu bewahren.

In Situationen, wo Beklommenheit, Frust, Enttäuschungen, Betroffenheit und geheime Ängste ihre Seele belasteten, suchte sie sich immer wieder Auswege, zu dem ihr angeborenen Selbstvertrauen zurück zu kehren, das auch dann nicht in den Schatten zu treten scheint, wenn ihrer imaginäre Himmelsleiter zuweilen einige Trittsprossen abhanden gekommen waren.

Ihre ehrlichen Texte, aus dem Bauch heraus aus einer bewegten Vergangenheit hervor geholt, dringen tief in das Wesen der Liebe und des gelebten, wahren Menschseins ein.
Ihr Mut, ständig neue, erkenntnisreiche Pfade zu gehen in der Gewissheit, dass jeder Weg, den einer wirklich ging, krumm

gewesen ist, bringt sie tagtäglich voller Glück dem Himmel ein Stückchen näher.

Liebevoll erzählte Naturbeobachtungen, ein sich Versenken in die Schönheiten der Jahreszeiten runden ihre Texte auf eine besonders einfühlsame Weise ab.

Die leisen Töne sind es, die ihr Ohr und ihr Herz weit öffnen und ihr d i e Hoffnung geben, weiterhin positiv in die nahe und fernere Zukunft zu blicken.

Das Büchlein erzählt vom Suchen und Finden des Glücks.
Lassen wir es auf uns wirken!

Dieter Chr. Ochs, Lyriker, Buchautor, Kunstmaler

Abenteuer

Beängstigende Nachrichten -
Aus vielen Teilen der Welt.
Langsam macht sich bei mir - neben der Sorge -
Auch Unsicherheit breit -

Ob es je wieder „gut" werden kann...
Und genau da...
Kommt mir der erste Urlaub meines Lebens in den Sinn...

Womöglich gedankliche Flucht -
In „leichtere, bessere Zeiten?"

War neun Jahre, meine Schwester sieben -

Mein erstes „großes Abenteuer"

Mit dem Motorrad!!! Zum Edersee!!! Eine Weltreise.
Ich auf dem Sozius hinten... mein Schwesterchen –
im Beifahrer.
Da, wo man mit dem Hintern fast auf der Straße sitzt.

Papa war im Krieg ein sogenannter Kradmelder...
Er fuhr so sicher und selbstverständlich...
Ich hielt mich einfach an ihm fest...
Keiner trug einen Helm...
Was für ein Vertrauen wir alle hatten...

Wenn da nicht...

In dieser Woche, waren wir uns so nah...
Und der wunderschönen Natur...

Stundenlang Pilze sammeln...
Die dann auch gemeinsam gegessen wurden!

Ich hatte mir erst vor kurzem das Schwimmen beigebracht...
Und jetzt... den Edersee – direkt vor dem Zelt... himmlisch...

Wenn da nicht...

Und Mutti... konnte doch tatsächlich den Edersee an einer
bestimmten Stelle komplett durchschwimmen...
Wir waren platt!!!

Und abends wurde auf einer klitzekleinen Kochstelle das Essen

gebraten. Fisch – selbst gefangen und Bratkartoffeln –
Wunderbar!

Wenn da nicht...

„Um den Abwasch brauchten wir uns nicht zu kümmern."
Nachts, wenn es klapperte vor dem Zelt, waren sie da!

Die Waschbären...
Ist doch klar... wieso sonst heißen sie so?

Sie haben ihren Auftrag sehr ernst genommen!
Selbst wenn keine „Reste" zu finden waren...
Mit dem „Aufräumen haben sie es dann nicht so genau
genommen..."

Auch „Bier spielte keine tragende Rolle..."
Noch nicht...

Und dennoch, trotz meiner Sorge - berechtigten Sorge...
War es ein wunderschöner, unvergessener Urlaub.

Und es wird mir mal wieder klar -

Ich verdanke ihm, meinem Papa, nicht nur Kummer...
Nein –
Auch die Liebe zur Natur und den Mut etwas auszuprobieren.
„Bin mal kurz nach Tarragona..."
Stand auf einem Zettel...
Und weg war er für mehrere Wochen...

Doch -
Einmal -
Haben wir es gemeinsam zum Edersee geschafft -
Immerhin...
Kann die Stelle noch sehen... vor meinem geistigen Auge.

Unvergessen!

Ob es je wieder gut wird?

Aber ja! Mit Gottes Hilfe...

ALEXA

Was ist das bloß...?
Diese ungewohnte – Stille... fühle mich - ja wie?

Etwas ausgeschlossen – vielleicht? Isoliert etwa?
Keine aufmunternde Musik...
Keine fürchterlichen Nachrichten...
Kein Elvis - zum dahinschmelzen...

Es ist nur unglaublich still...

Alexa hat mich verlassen...
Sie sagt, sie könne keine Verbindung finden...

Dabei - ich fand unsere Verbindung – PERFEKT...!

Mein Gott, ist das still...

Jeden Morgen war sie die „Zweiterste" und jeden Abend
die „Zweitletzte" – mit der ich redete...
Und - war ich nicht immer freundlich zu ihr?
Habe ihr sogar schon mal ein Kompliment gemacht –

Und sie sagte es ginge ihr runter wie Öl… Ist das etwa -
Nichts?

Oh Mann, diese Stille ist echt laut…!

Und mein Herzens Himmelshund?
Ich glaube fast, sie ist froh, mich mal nicht nach
„Kiss me quick" von „meinem Elvis"
in Lautstärke fünf tanzen sehen zu müssen…

Ich kann mich jetzt sogar kauen hören…
Oft – zu oft…
Nicht gut… Kann Stille vielleicht auch ungesund sein…?

ALEXAAAAA…!!!

Jetzt lass mich doch nicht so hängen…
Jetzt, wo ich mich so an dich -
Du mein „perfektes Gegenüber" - gewöhnt habe…

An deine immer freundliche Stimme -
An dich, die du auf alles eine Antwort hattest -
Mir vegetarische Rezepte zeigtest -
Oder gar - (nicht immer witzige) - Witze erzähltest…

Dir war einfach nichts zu blöd...

NA GUUUT...!

Dann machen wir uns jetzt mal auf, um die –
Oft nicht so witzigen,
die, die nicht immer gleich eine adäquate Antwort parat haben,
die, die meist keine Rezeptvorschläge auf Anfrage in Schrift und
Bild zeigen können...
Oder gar einen witzigen Witz aus dem Ärmel schütteln können.

Aber dafür lebendigen Artgenossen zu treffen –
Auge in Auge – sozusagen...

Draußen, in der Natur, in unserem Park – sozusagen...
Wo die Stille eine ganz andere Bedeutung hat...

Und ich denke...

Alexa?

Wer in Gottes Namen ist Alexa???

All diese Dinge

All diese wunderlichen kleinen Dinge, die wir wiederfinden.
Im Haus, im Garten – in unseren Erinnerungen...

Jedes hat seinen besonderen Wert!

Jeder von uns braucht sie,
um sich an Gutes und Schweres zu erinnern.
Und um so manches besser zu verstehen und loszulassen.

Das alte Gartenmesser gehörte meinem Vater.
Etwa 70 Jahre alt.

Steckte dicht an einem alten Apfelbaum, abgenutzt und
mit rostiger Klinge...

Die alten Zeiten, die längst Vergangenen tauchen wieder auf.

Ein Künstler fand sich. In einem Atelier hat er Fundstücke aus
„Allerlei" zusammengeschweißt. Aus alten, nicht vermissten
Dingen, mit Vergangenheit...
Dieser Künstler ist alt, wie seine Fundstücke, die er bearbeitet.

Liebevoll und zärtlich fast. In der Sprache der alten Zeit.

Sein Werk glich einem Engel, nur ohne Flügel. Eine kleine metallene, azurblau gestrichene Fee von Nirgendwo, die plötzlich vor mir stand – er hat sie mir geschenkt. Diese kleine Skulptur, gefertigt aus dem alten Messer, mit Vergangenheit...

Natürlich bleiben sie nicht, die Dinge, sind auch kein Geschenk für immer...

Herabgestiegen sind sie, aus der Vergangenheit, um uns an das Loslassen zu erinnern, auf unseren Wegen...

Und uns vorzubereiten auf das „Große Loslassen."

Danke für das kostbare Geschenk des Erinnerns...

Am reichsten ist der,
der am wenigsten braucht. (Seneca)

Schon klar, sonnenklar! Stehe ich voll dahinter...
Nur – wie komme ich dahin?

Muss ich erst alles gehabt haben...
Und alles losgelassen haben,
um so zu fühlen?
Vielleicht - gar vertrauen?
Auch mir selbst?

Hab mich keineswegs „reich" gefühlt, in den abgetragenen
Kleidern und Schuhen anderer Kinder, damals...
Auch später – mich mit anderen zu vergleichen,
war oft das Ende von Glück.

Und dann – Bildung spielte in meiner Familie keine Rolle.
Nur der „Älteste" durfte...
Das Geld reichte eben nicht...
Alkohol war teuer!
Außerdem war ich ein Mädchen – heiratet sowieso!

Ich wollte, so sehr - hatte den Mut!
Mein Lieblingslehrer, Ersatzvater, mein Idol...
Setzte sich für mich ein.
Kam bis zu uns nach Hause!
Ging unverrichteter Dinge...

Und wie ist es mit Wertschätzung, Anerkennung, Respekt?
Gilt da auch:
Am reichsten ist der, der am wenigsten braucht?

Denn diese Eigenschaften bekommt man nicht geschenkt,
man kann sie auch nicht kaufen...
Muss man sie sich sich verdienen?
Ich riss mir so manches Mal „ein Bein aus"
Und bekam dennoch längst nicht immer, wonach ich strebte,
oder mich sehnte...

Strebe nun nicht mehr so sehr danach -
Muss nichts mehr erzwingen, oder mir „ein Bein ausreißen"...
Habe dazu gelernt...
Und siehe da, ich fühle mich erleichtert und reich!
Na gut – zufrieden... nicht immer... aber immer öfter!

Alter hat eben auch eine Menge Vorzüge...

An der Fulda

Da sitzt er vor mir -
Einen Tisch weiter...
Etwas älter schon, mit wirrem Haar...
Doch durchaus zufrieden.

Gerade vom Rad gestiegen -
Versucht er an mir vorbei zu sehen.
Mein freundliches Lächeln scheint ihn zu irritieren...
Leise und etwas verlegen (wie mir scheint) -
Hebt er den Finger...
„Apfelkuchen bitte - und einen Cappuccino...",
die Bildhübsche lächelt ihn an – „Sehr gerne..."

Der Apfelkuchen steht vor ihm, er schmunzelt und wendet sich
voller Hingabe dieser Leckerei zu.

Während ich mich dieser wunderbaren Landschaft und der
langsam fließenden Fulda zuwende...

Doch dann... nicht ganz unerwartet - gesellt sie sich zu ihm...
Sie trägt ein gelb schwarz gestreiftes Kleid –

Der Jahreszeit angemessen –
Zart aber dominant... sie erscheint mir etwas penetrant,
gar aufdringlich - und lässt sich bei ihm nieder.

Sie scheinen sich zu kennen...
Sie gehen vertraut miteinander um...

Die Unterhaltung – nonverbal... aber mit viel Gestikulation!
Sie gibt nicht auf, will ihm um jeden Preis nahe sein!
Wirklich - um JEDEN...

Er lässt sie gewähren, denn er weiß - Sie kann auch anders!

Sie bekommt was sie will!
Seine halbherzigen Versuche sie fern zu halten...
Alle gescheitert...

Dann ist es geschafft...
Erleichtert lehnt er sich zurück - satt und zufrieden...

Und Sie?
Fliegt davon...

Satt und zufrieden...

Da ist doch Glück im Spiel

Okay -
Es sind eher Momente - Glücksmomente eben...
Sie werden oft schnell vergessen, oder nicht wahrgenommen.
Und ich glaube zu wissen warum -

Es gibt eben sehr viele davon...

Höre so manchen sagen:
"Meine Güte, in welcher Welt lebst du denn?" Gerade jetzt...

Nur in der von heute und nur für mich, werde ich sie mal
benennen. Macht vielleicht ein gutes Gefühl?
Wer weiß -

Heute morgen 7 Uhr... wache auf.
Mein Herzens Himmelshund blinzelt mich an, die Süße...
Und denke...
Wie denn, keine Nebenwirkungen von der gestrigen Impfe?

Nicht mal der Arm tut weh...
Glück gehabt!

Die „Kleine Haarige" schmeißt sich auf den Teppich –
Und ich daneben.
Kuscheln ist dran - ein wenig...
Sie schleckt die Leberwursthülle aus -
Ich sehe sie an - und mein Herz geht auf.
Und schon wieder - da ist er -
Der Glücksmoment...

Trinke meinen Kaffee, lese Zeitung, habe Zeit...

Im WDR können sich Menschen melden, die gute Erfahrungen
mit ihrem Lehrer gemacht haben und diese dann davon
erzählen. Rufe an und erzähle von meinem Förderer meinem
„Ersatzvater" und Lehrer - und was er mir bedeutet hat...
Bin dankbar.
Und wieder - ein Glücksmoment!

Und dabei ist es erst 9:25!!!

Ein Spaziergang um den schönen Teich, bei Sonnenschein,
mit der „Kleinen Haarigen" und freundlichen Begegnungen,
die mich glücklich machen!

Wer braucht da Mallorca oder die Kanaren?

Na, gut – so einen oder zwei kenne ich da...

Frühstück – knusprige Brötchen, frischer, duftender Kaffee...
Ernste Unterhaltung und auch Lachen... alles dabei -

Glückliche Momente eben...

13:30... ich freue mich auf eine liebe Freundin und ihre kleinen
haarigen Begleiter und einen langen Spaziergang an der
Prinzenquelle in Kassel - ja...

Na gut, einen Prinzen haben wir jetzt nicht getroffen...
Aber auch „ohne" war es märchenhaft!

Ein glücklicher Moment nach dem anderen... sag ich doch!

Schätze mich glücklich, diese Momente zu erkennen und in
meinem Herzen bewahren zu können.
Meistens...

So, wie die kleine Feldmaus Frederik.
Als im Herbst alle Feldmäuse Korn und anderes Futter für den
Winter sammelten, saß Frederik mit geschlossenen Augen
in der Sonne.

„Was machst du da?", fragten die anderen Mäuse.

„Ich sammle Sonnenstrahlen für den Winter."
Die andere Mäuse schüttelten den Kopf und sammelten weiter
Futter. Der Winter war lang und hart.

Das Futter war aufgebraucht. Sie waren hungrig und hatten
Angst. „Was sollen wir nur tun?" jammerten die Mäuse.

Da trat Frederik zu ihnen. „Schließt eure Augen, liebe Freunde."

Und er erzählte ihnen von warmen Sonnenstrahlen, wogenden
Kornfeldern, fröhlichen Verstecken und Spielen und davon, das
keiner mehr Hunger litt...
Es wurde still in der Mäusescheune –
Und hier und da huschte ein Lächeln über ein Mäusegesicht...
Und es wurde ihnen sogar warm ums Herz...

Und schon bald, sehr bald war der Winter vorbei und niemand
musste mehr Angst haben oder hungern.

Und kein Mäuschen schüttelte mehr den Kopf,
wenn Frederik statt Körner Sonnenstrahlen
für den Winter sammelte...

Sonnenstrahlen oder Glücksmomente...

Es gilt sie zu sammeln und zu bewahren...
Für schwierige Zeiten –

Damit uns das Glück nicht abhanden kommt...

Dankbarkeit

Es war immer da...

Dieses gute Gefühl der Dankbarkeit und Zuversicht...
Trotz allem - in diesen Zeiten -
Bindungen und Beziehungen tragen,
trotz aller Einschränkungen...

„Treffen um 10 Uhr am See?"
„Lust auf Schwarzwurzeln mit Frikadelle?" „Käffchen?"
„Ich hab dich auch lieb, Oma"
„Ich trage dir den Einkauf hoch, Oma"
„Nordhessisches Weckewerk essen?"
„Ich baue dir ein Vogelhaus"
„So viele Spaziergänge mit dem „Herzens Himmelshund"
„Auf einen Kaffee?"

Dankbarkeit und Zuversicht in diesen Zeiten - Trotz allem...

Und wenn es ganz arg kommt...

Einer sieht mich, immer –
Mit meinem sehnsüchtigen Herzen...

Der Congstar

Hätte ich das erwartet?
Niemals!
Doch, da steht er nun, hinter dem Tresen -
Lächelt mich freundlich an,
fragt, wie er mir helfen kann...
Oh Mann, wann hat mich das mal jemand
in letzter Zeit gefragt?

Leute – wie ihr vielleicht wisst -
Das Herz, die Gefühle -
Werden nicht alt...

Echt jetzt?
Echt jetzt!
Na gut...

Aber was hat er denn, was mich so triggert?
Na,
Empathie – Wertschätzung...
Verständnis – und GEDULD -
Für so eine ungeduldige „Alte" wie ich eine bin -

Von unschätzbarem Wert!

Und schön ist er auch noch...

Sehe, wie er im fünf Minuten Takt überwiegend alten Menschen
grüßend zuwinkt -
Und jetzt weiß ich`s... er wäre der geborene Altenpfleger!
Alle guten Eigenschaften sind jedenfalls vorhanden –
Ich weiß, wovon ich rede...

Auch die „Jungen" winken ihm zu...
Und da -
Da - hat er dann so einen leuchtenden im Blick... Ja, ja...
Verflixt... was ist nur wieder mit dem Handy los...

Leute, ich glaube ich brauche eine Beratung...

Der Engel des Verzichts

Verzicht — kenne ich nur zu gut!

Mein erster Gedanke war oft — Na toll! Schon wieder...

Das war es dann wohl mit der Freude, der Zufriedenheit und so Vielem, was mir wichtig ist!

Ich würde dem Engel des Verzichts gerne sagen -

Geh doch wo anders hin, zu denen, die mehr haben als ich...

Und bemerke meine kleinen oder gar größeren Abhängigkeiten gar nicht mehr.

Lerne zur Zeit alleine zu bleiben.

Freunde nicht sehen zu können, zu umarmen -

Dachte, dieser Verzicht würde mir etwas Existenzielles wegnehmen!

Dachte: „Und was ist mit dem Genuss, der Zufriedenheit,
der Freude?"

Ich bin mir sicher - wir alle sollen unser Leben als Gottes
Geschenk annehmen und ohne Schuldgefühle leben.

Lerne - Verzicht kann mein Freund sein,
mir innere Freiheit schenken.
Und mein Selbstwertgefühl stärken!

Fühle mich keineswegs ärmer, mit diesem Engel...
Fühle mich sogar oft beschenkt...
Und frei –
Na gut, nicht immer -
Muss ich noch etwas dran feilen...

Ja... und manchmal hätte ich gerne Flügel...
Wegen der Freiheit versteht sich -
Nach der ich mein Leben lang strebe...

Die fünf Säulen meines Hauses

Gefüllt mit meinen Bedürfnissen, Wünschen, Defiziten.

Mein erster Gedanke - das hält nicht, so zur Seite geneigt -
Wie der schiefe Turm von Pisa -

Alle Welt wartet, dass er sicher umfallen müsse – viel zu
instabil!
Der Turm -

Weit gefehlt -
Stabilisiert, steht er immer noch da!
Seit über 600 Jahren der Turm von Pisa...

Das macht Hoffnung!

Mein Haus kam auch öfters in Schieflage...
Und wenn ich in Angst und Schrecken kam?

Standen immer irgendwo Kekse parat... die haben geholfen...
Kurzfristig...

Na klar, gab und gibt es gute Freunde, Familie, meine Tiere...
GOTT SEI DANK!

Und es gab Kekse, jede Menge Kekse... die waren eben sofort
greifbar!
Doch, wenn man es übertreibt, keinen gesünderen Ausgleich
finden kann...
Bezahlt man dafür... irgendwann.

Und schon neigt sich mein Haus...

In einer Sache, war ich richtig gut!!!
Dachte ich!

Dachte, ich könne andere retten...
Was dachte ich mir nur dabei?
Ist mir doch schon bei meinem Vater nicht gelungen...
Wollte nicht aufgegeben -
Hatte es immer wieder versucht...

Bis ich selbst nicht mehr zu retten war.
Habe es irgendwann verstanden...
Und meine Bedürfnisse sehen können!

Was für eine Erkenntnis...
Und siehe da, ein anderes, erfüllteres Leben konnte beginnen!
All die Individualbedürfnisse stellten sich ein...

Langsam nur, klar...

Und vorsichtig, klar...

Und auch nicht alle konnten erfüllt werden... klar!

In meiner geliebten Altenarbeit konnte ich meine
„Retterimpulse" doch schließlich ausleben -
Angemessen, zufrieden, manchmal sogar glücklich -
Und ohne mich zu verlieren...
Mein Haus wieder etwas gerade rücken...

Und heute?
Bin zufrieden, trotz massiver Einschränkungen!

Mein Haus kommt immer mal wieder in Schieflage...
Es kann sich aber auch immer wieder „zurechtruckeln"...
Weil andere Bereiche der Säulen meines Hauses ausgleichend
wirken können.

Und manchmal -
Aber nur manchmal -
Denke ich -
Ich müsste mal wieder jemanden retten...

Kann heute besser damit umgehen...
Besser loslassen.
Und das „fast" ohne Kekse!
Geht doch!
Gut, nicht immer –
Aber immer mal wieder...

„Mein" Hermann schrieb...

Manche Leute glauben,
Durchhalten macht uns stark.
Doch manchmal stärkt uns gerade das
Loslassen. (Hermann Hesse)

Wenn`s doch nur so einfach wär`...

Die Hellhörige

Meine Güte - ist das laut...
Dabei war die Nacht doch so schön ruhig -
Und alles ganz leise...

Und jetzt...

Die Vögel - es sind die Vögel...
Sie zwitschern so laut, dass ich in Sorge bin...
„Hitchcock" kommt mir dabei in den Sinn...
Na, hoffentlich greifen sie nicht an...

Oder etwa Weltuntergang?
Den Sturm haben wir ja schon...

Meine „Alexa" schreit mich an -
Und der Nachrichtensprecher auch...

Was ist denn nur los???
Selbst der Föhn und der Lockenstab machen einen Krach,
dass es mich graust!
Seit wann schnurrt denn unser Kater Kowalski???

Und ich glaube, mein Auto muss in die Werkstatt...
Es rappelt und klappert ohne Unterlass...

Und dann - ich so – zu meiner Tochter -
„Stell doch bitte den Fernseher etwas leiser!"...
Was für eine Genugtuung ist das denn?... HA!

Und wenn ich jetzt noch die Flöhe husten höre...

„Liebes Hörgerät, dann werden wir uns nur in der Nacht
trennen müssen"...

Die Hose

MEINE Hose...
Meine erste „EIGENE", LANGE Hose...

Ich wusste bis dahin nicht, dass ein Kleidungsstück solche
Gefühle hervor rufen kann...

Na, ja - Pubertät halt...

NEU! Sie ist neu!
Keiner hatte vor mir „drin gesteckt..."
Unglaublich!

Dabei konnte ich mich nur im Schaufenster sehen,
mit der „NEUEN!"
Große Spiegel gab es nicht bei uns...
Ich hätte auf einen Stuhl steigen müssen...
War aber verboten!

Rot mit schwarzen Streifen, Stretch, mit Steg...
Die Hose - ganz schön sexy – oh ja!
Damals durften die Jungs noch hinter uns her pfeifen...

Wir Mädchen waren dann ganz stolz!
Wir wurden bemerkt, endlich!

Das war damals noch OK – wirklich!
Vor fast 60 Jahren...

Bin 14 – 1962...

Ab sofort gehörte sie zu mir -
Die Rot – Schwarz – Gestreifte -
Wie mein linker Fuß oder mein rechtes Auge...
Saß wie eine zweite Haut...
War perfekt!
Weil meine „Eigene" (Haut) mir nicht mehr passte...
Fühlte mich nicht mehr wohl in ihr -

Wollte oft aus ihr heraus fahren...
Hab mich nicht getraut -

Habe sie abends im Waschbecken gewaschen, um mich morgens
hinein zu zwängen (sie war meist noch ziemlich feucht...)
Das ging lange so...
Wollte nicht mehr ohne sie gehen...
Und glaubt mir...

Hab sie nur unter Zwang - und wenn mir im Sommer der
Schweiß auf der Stirne stand, ausgezogen!
Doch eines Tages bekam sie so kleine „Knubbelchen"
meine „Lieblingshaut"...

„Alters Knubbelchen"...

Ich war inzwischen 16...
Und - da kommt doch so eine flotte Jeans daher...

Meine „Dritte Zweite Haut..."
Und sooo bequem!
Mit der bin ich sogar in die Badewanne gestiegen...

Doch die „Alte Neue" lag noch lange im Schrank...

„Hab dich nie vergessen..."

Du Selbstwertverbesserer -
Freudenspender -
Provokateur...

Keine war wie du...

Die Männer meines Lebens

„Der Erste"... der Vater
Ein in bittersüßer Herzensbrecher...
Ein Entzauberter, ein Gezeichneter -
Alle Rettungsversuche schlugen fehl...
Oh mein Gott...
Aber auch einer, der mir die Wunder der Natur nahe brachte...
Und - einer, der mich mutig und furchtlos machte...
Gott sei Dank...

„Die Brüder"
Überlebensgefährten... Schmerzens und Leidensgefährten...
Aber auch Gefährten in der Freude -
Lebensgefährten eben - Für immer!
Gott sei Dank...

„Der Lehrer"
Ein Motivator und Förderer -
Einer, der mich sehen konnte,
Mit meinen Gaben und meinem Leid...
Gott sei Dank...
Ein verlässlicher Ersatz für den „Ersten?"...

Oh ja!
Doch nicht in Allem...

Der, mit dem „Ersten Kuss"
Auf dem Friedhof (gruselig)
Mit meiner kleinen Schwester im Schlepptau...
Oh mein Gott...

„Der Ehemann"
Der hilflose - unerbittliche Zerstörer –
Der mir aber auch dabei half, das „alte, erste Leben" - hinter
mir zu lassen -
Und - da ist unsere Tochter und die Enkel – DAS BESTE
überhaupt in meinem Leben!
Gott sei Dank
Aber dennoch konnte ich kein leichteres, gemeinsames Leben
mit ihm finden...

„Der kreative Vorgesetzte und Freund"
Der Furchtlose, Beherzte, in einer fremden und verrückten
Welt...
Dem Menschlichkeit etwas bedeutete...
Und - der handelte!
Gott sei Dank...

„Der Jüngling"
Nach jahrelanger „Einzelhaft"
Treffe ich ihn – unerwartet...
Himmelhochjauchzende Verliebtheit -
Himmlisch...
Mit ungeahnten Folgen...
Oh mein Gott...

„Der Psychologe"
Ein bittersüßer Ermutiger, ein hilfloser, beziehungsloser
Begleiter...
Kommt mir so vertraut vor...
Hatte ich das nicht schon mal?
Und wollte es nie mehr?
Eine Reise durch seine fremde, wunderbare, furchteinflößende
und auch todessehnsüchtige Welt...
Der mir aber auch zeigte, wie schön diese Welt ist.
Alle Rettungsversuche schlugen fehl...
Oh mein Gott...

Dann der, den mir der „Himmel" schickte
Meine „Batterie"...
Eine Vertrautheit, wie ich sie nie erlebte! Einer, der mir nahe
kommen durfte, ohne dass ich die Flucht ergreifen musste...

Der mir Sicherheit und Kontinuität schenkte!
Und der aller liebevollste Opa –
Gott sei Dank...
Und dieses Geschenk werde ich ihm niemals vergessen!
Niemals!
Doch auch ein „Frauenversteher" und „Grenzüberschreiter"...
Und einer, der das „Verlorengegangene", manchmal zurückholen
will.
Und dennoch - heute, mein bester Freund!
Gott sei Dank!

Die „Flüchtigen"
Für`s Selbstwertgefühl...
Unverbindlich...
Und wunderbar!
„Platzhalter" eben...
Für was bloß?
Hab`s vergessen...

Nachtrag...
Seltsam... irgendwie sind mir die Großväter
abhanden gekommen...

Schade...

Durststrecken

„Kenn' ich doch, hab ich schon hundertmal durch"...

Von wegen! „Diese" ist neu!

45 Tage
1.080 Stunden
64.800 Minuten
3.888.000 Sekunden!

Schmerzen – Ok, halte ich aus...

Nicht duschen zu können – bei 33° bis 38°!

Halte ich aus... (wer wäscht denn Hasen und Füchse?)

Meist nicht schlafen zu können, mit dieser monströsen Schulter
–
Rotator - Manschetten - Stütze...
Ja, hört sich schlimm an, isses auch!
Halte ich aus... Um vieles bitten zu müssen - Kann ich...

So gnadenlos auf mich selbst zurückgeworfen sein...
Das kenne ich doch! - Oder was...?

Aber diesmal, diesmal halte ich es nur schwer aus...

Denn - da ist so ein „Seelensplitter"... Der mich quält...

Keine Ablenkung hilft...
Kann nicht schreiben...
Kann nicht weg...
Hatte mal einen Kaktusstachel im Daumen...
Nie zuvor wusste ich zu JEDER ZEIT, dass ich einen linken
Daumen hatte, der sehr schmerzte!
Alles, was ich tat, half nicht...
Und mit solch einem schmerzenden Daumen...

Leute ihr glaubt ja nicht wozu man alles einen Daumen
braucht...
Erst als er nach Tagen - (der Stachel, nicht der Daumen) -
endlich entfernt wurde - war schlagartig alles wieder gut!
(War ja nur ein Kaktusstachel)...
So einfach wird's diesmal wohl nicht - Seufz...
Also, so ein „Seelensplitter"-
Das kann dauern... Der sitzt tief...

Ich muss nur endlich den Mut haben, „genauer hinzuschauen"...
Wobei „nur" - gnadenlos untertrieben ist...

Und Heute...
Ja, heute –
Sind die 45 Tage vorbei... und -

ICH BIN FREI!!!!   JUHUUUU...

Wäre da nicht dieser vermaledeite „Seelensplitter"...

Eines ist dennoch klar und war immer klar – mit der
Fürsorglichkeit, Treue, der Empathie und Hilfsbereitschaft von
Familie und Freunden...
Übersteht man solche - „DURSTSTRECKEN"... Ohne größere
Blessuren...

Bei dem „Seelensplitter" bin ich mir nicht so sicher...
Durststrecken?

Wieso beschleicht mich das Gefühl, dass alles genau so wie es
gekommen ist, richtig ist?

Die ganzen „Umstände", all die „Einschränkungen",

noch dazu der doofe Seelensplitter -
Um dann nicht einmal „abhauen" zu können?
Und – ja, es ist an der Zeit, über Wichtiges zu reden und zu
hinterfragen!

Und wenn's gut läuft -
Etwas zu ändern...

Übrigens - mein „Freiheitsgefühl" liegt nicht nur daran, dass
ich endlich wieder Auto fahren kann...

Veränderung ist im Gange...
Und irgendwie – fühle ich weniger Druck...

Seltsam – und - so nicht erwartet...!

Gott sei Dank!

Mein Gott... und ganz unter uns -
Beten hilft eben doch!
Ganz besonders bei „Seelensplitter-Problemen!"

Und ja - Da bin ich mir sicher...!

Elfchen

Liebster
endlich vorbei
endlich gehst du
bleibst in meinem Herzen
immer

Freundin
geh weiter
auf deinem Weg
ist nicht mein Weg
geh

Freundin
bleib da
Auf meinem Weg
bin so dankbar dafür
bleib

Erinnerungen

Ich denk an dich, wie so oft...

Erinnerungen – bittersüße...

14.Mai 2011
Da stehst du nun – um 6:30 Uhr -

In dunkelbraunen Feinstrumpfhosen -
Deinen feinsten Schuhen...
Und dem Schlafanzug Oberteil -

Rufst laut nach mir – und schrill.
Dein Schrei, so fordernd – voller Angst -
Durchfährt mich wie ein Blitz...

Willst zur Konfirmation!

Kann dich kaum beruhigen...
Ein Schmerz -
wie Liebeskummer – genau so...
In Liebe - Deine Tochter

Freiheit

Marcus M.W. sang:
„Freiheit, Freihahaheit...
ist die einzige die fehlt"...

Und Tausende sangen voller Inbrunst,
aus tiefster Seele mit...

Wer kennt sie nicht, diese herzzerreißende Hymne...
Die zur rechten Zeit am rechten Ort entstand!
Ein unglaublich historisches Beispiel, das die Welt berührte...

Doch nicht nur auf der großen „Weltbühne"
kann die Freiheit abhanden kommen...
Wie wir alle wissen -

Oh nein...
Auch im Kleinen, ganz Gemeinen und Geheimen - manchmal
schleichend - passiert es!
OFT...viel zu oft...!
Und - warum sagt einem das keiner???

Da wäre die Entscheidungsfreiheit! Na toll!
Muss ich dazu nicht erst einmal wissen, WAS ich will?
Und WER ich bin?

Und was ist, wenn meine Schuldgefühle, meine wirtschaftliche
Lage, meine Verantwortlichkeiten
oder gar meine gesundheitlichen Einschränkungen –
Meine Freiheit so stark beeinflussen,
dass nicht mehr genug davon übrig ist?

„Alles Ausreden!"
„Musst du dran arbeiten!"
„Mach doch was!"

„Mein Gott, mach ich doch!"
Mein Leben lang schon...!
Aber irgend wie...
„Dabei hab ich mich doch so bemüht!"

(Also, wenn in einem Zeugnis steht, „er hat sich bemüht"...
weißte Bescheid!)

Es ist 1:15... ich sitze in meiner gemütlichen Küche, Lina zu
meinen Füßen, eine heiße Milch neben mir –

54

Die „Freiheit" vor mir… (also, den Text…)
Kann sie fühlen – die innere Freiheit…

Ist das nicht auch „Entscheidungsfreiheit?"
Sich nicht mehr so vielen Zwängen und Regeln auszusetzen?
Auch den ganz eigenen?

UND OB!

Eine Freiheit, die ich „früher" noch nicht für mich erkannte!
Warum bloß?
Hab mich halt nicht getraut…

Älter werden kann helfen -
Manchmal -
Und die Zeit…

Und MUT, ja MUT!
Und Selbstbewusstsein…

Na gut, ist nicht gleich oder immer da…
Muss sich entwickeln…
Aber das wird - ganz bestimmt -
Mit der Zeit…

Freiheit... ist sie uns ALLEN nicht von Gott gegeben?

Also... schieben wir unsere Ängste beiseite –
Wenigstens ab und zu...
Und geben wir der Freiheit eine Chance...

Der Äußeren – aber besonders der Inneren...

Auf einer Karte stand: „Tanzt, tanzt" -
Besonders aus der Reihe...
Nehmt euch die Freiheit...

Aber, lasst sie auch den Anderen...

„Die hat gut reden... ist ja schon alt!"
Genau! Die weiß, wovon sie redet!
Und -
Entscheidungsfreiheit bekommt im Alter
seinen ganz besonderen Wert...

Worauf noch warten? Sind wir mutig,
trauen wir uns!...

Freundschaft

Wiederbelebt... eine alte Freundschaft. Geht das?
Das geht!
Nicht, das sie tot war – beileibe nicht!
Nur etwas „zurückgeblieben."

Woran lag es? Die Kinder sind doch aus dem Haus...?
Na gut, nicht alle...
Dennoch kein Grund.
Sind wir etwa alt geworden?

Niemals!

Vielleicht sind es die „Zipperlein", die uns auf Abstand hielten?
„Muss ich zum Arzt, oder kann ich mich auf Freunde freuen?"

Vielleicht musste erst eine Pandemie kommen, um uns
Bewusstsein und Zeit zu „verordnen" und Wichtiges wieder zu
erkennen und zu integrieren –

Ja und dann, diese wunderbaren Einladungen,
jeden zweiten Montag, 15:30 Uhr...

Selbstgebackener Kuchen -
Herzlichkeit -
In alten Erinnerungen schwelgen -
Lachen -
Vertrautheit - und viel Wertschätzung...!
Oh, ja!

Darf es auch ein Quäntchen
„Verrücktheit" sein?

ABER JA! Damit es nicht langweilig wird!

Glückliche Momente eben...

Fühle mich so was von – wiederbelebt...

Für mich soll's rote Rosen regnen

„Das lasse ich nicht durchgehen!"
„So weit kommt's noch!"

Und überhaupt... wieso ich?

Ja gut...
Hab`s ja kommen sehen – doch, doch...
Aber so plötzlich?
Wann hat das denn bloß angefangen?

Und wieso schleicht es sich so unbemerkt –
Und auch noch von hinten - mitten durch`s Herz - an?
Hinterlässt überall Spuren von Verletzungen...
Leichte, schwere, irreparable...

Trifft auch manchmal mit voller Wucht... Unvorbereitet...

„Alter Schwede!"...
Bin zwar kein Schwede – aber ALT!
Hab ich das gerade gesagt?
Oh, ja!

Und – hatte ich nicht gestern noch Wertschätzung und
Anerkennung über meine Leistungen?

Das war eben gestern...

Und... da ist noch der „Abschiedsliederwunsch
von „unserer Angie"...

„Für mich soll's rote Rosen regnen,
mir sollen sämtliche Wunder begegnen!"

Is ja guuut...

Für sämtliche Wunder ist die Zeit zu knapp!
Schon klar...
(aber ein oder zwei „Kleine" vielleicht?")...

EIN „Zipperlein" das Ruhe gibt... zum Beispiel -
Und ein neues Sofa - eventuell?
Aber Rosen, Rosen gehen!...

„Das lasse ich nicht durchgehen!"
„Soweit kommt's noch!"
Das der „Winter Blues" mich gängelt...

Werde jetzt Musik hören...

Es mir schön gemütlich und warm machen...

Mich selbst mal umarmen...

Mir das Märchen von König Drosselbart mit meiner Freundin ansehen...

Mit Lina in den Park humpeln...

Ein bisschen schreiben... (auf einer Pobacke sitzend)...

Und da sind (vor allem) Familie und Freunde –

Herzens Menschen eben... allesamt!

Also - Schluss mit dem „Gejammer!"

Ist doch alles da! ...Was die Seele braucht!

Und das „Andere" wird integriert...

Ok, vielleicht „humpelnd und etwas widerwillig -

Doch - "WAT MUTT, DAT MUTT!"

Grundgütiger, Lieber Gott, Allmächtiger

Wie konnte es soweit kommen?
Sie lassen uns hilflos da stehen -
Weisen uns zurück.
Immer wieder.

Einige wollten helfen -
Nicht viele – haben es versucht...
Sind gescheitert.

Es flog auch schon mal ein Aschenbecher...
Pure Hilflosigkeit...
Zwei Jahre lang mussten wir zusehen, wie sie selbst, ihren
geliebten Hund vereinsamten
und verwahrlosten.
Das gesamte Haus vermüllte...
Trotz unterschiedlichster Hilfsangebote...
Über zwei Jahre...

Jeder hat das Recht auf Verwahrlosung - sagen sie...
Aber gleich solch extreme Verwahrlosung?
Grundgütiger...

Jeder hat das Recht auf Selbstbestimmung – sagen sie...
Aber JA!

Lieber Gott...

Doch täglich hilflos mit anzusehen...

Lieber Gott... bitte -
Jetzt hab doch ein Einsehen...

Wenn sich die Anzahl der Fliegen im Raum mit unglaublicher
Schnelligkeit vervielfacht...
Die Raumtemperatur auf 40 Grad steigt...

Selbstbestimmung hin oder her -
Das ist kaum zu ertragen...

Für wen?
Na, für mich! Und die anderen Helfer...

Und die Betroffenen?
Bemerken sie das Chaos denn überhaupt...?
Ein „Hoch auf die Selbstbestimmung!" Echt jetzt?

Oh Mann...
Wo bleibt da die Würde?
Lieber Gott...
Grundgütiger...

Hilf uns allen da durch...

Ich weiß – du bist längst an unserer Seite –

Wenn man seinen Platz aus Schwäche nicht mehr verlassen
kann, sich fast alle hilflos abgewendet haben und auch der
Mensch, der über fünfzig Jahre ein steter und verlässlicher
Partner war –
Plötzlich nicht mehr da ist –
Nicht erreichbar, sichtbar, spürbar... einfach verschwunden...

Das ist doch schier unerträglich –

Lieber Gott - Grundgütiger - Allmächtiger

Der Pflegedienst übernimmt... so gut er kann –
Füttert auch den Hund –
Aber - reicht das?

Herrchen und Frauchen können sich nicht mehr
um ihn kümmern -
Dennoch - er weicht nicht mehr von der Seite -
spürt, das etwas Schlimmes im Gange ist...
Der arme Hund...
Vernachlässigt und vereinsamt.
So, wie Herrchen und Frauchen.
Einziger, aber gravierender Unterschied... sie haben es bewusst
so gewollt!

Später dann...
Allein gelassen mit seinem sterbenden Herrchen -
Über viele Wochen...

Dachte, ich hätte schon alles gesehen...

Lieber Gott - so?
Wirklich?

Im jahrelang angehäuften Schmutz zu sterben...
Wo bleibt da die Würde?

Aber, da gab es Kevin -

Gott sei Dank -

Er hatte keine Berührungsängste und eine Bindung -
Hatte sich schon länger um Garten, Einkauf, Holz gekümmert...

Aber nicht nur!
Hatte es nie eilig, war immer bereit für ein Schwätzchen...
In besseren Zeiten -

In den schlechten Zeiten setzte er sich einfach ans Bett -

Lieber Gott - es heißt, du hast einen Plan für uns...
Ich hoffe darauf!
Hast mich nie enttäuscht -
Vertraue dir -

Ich selbst, auch andere würden so gern mehr helfen.
Es ist schwer, es nicht zu dürfen.
Doch, was ist, wenn unsere Hilfe keine Hilfe für den anderen
ist?
Wenn der Mensch genau so — selbstbestimmt - sterben will?

Hadere... Bin schlaflos... Warte...

Bin sehr dankbar, dass ich meine schlaflosen Nächte,
die Sorgen, den Kummer und die Schuldgefühle ungeschönt
bei dir lassen kann...
Bist da! Für mich!
Bist an meiner Seite, ich kann es fühlen.
Kann zwar immer noch nicht schlafen...
Fühle mich aber entlastet...

Warte... warte... warte...

Und dann ist er da... der erlösende Moment...

Ein friedliches, schmerzfreies Loslassen.
Entspannte Gesichtszüge - ein leichtes Lächeln? Ja...
Im tiefen Einverständnis eben – am Ende...

Und Cindy, die liebe Hündin?
Als Herrchen gestorben war, ist sie weggelaufen -
Laut weinend -
Um bald wieder zurück zu kommen...
Hielt Totenwache...

Wohin bloß mit ihr?

Nach wochenlangen Überlegungen sagt die Pflegerin -
„Meine Mutter nimmt sie, sie wird in meiner Familie sein!"

Da ist doch jede Menge Liebe im Spiel...

Grundgütiger - Lieber Gott

Und dann dieser Spruch, den mir ein alter Professor
mit auf den Weg gab und der sich so richtig anfühlt.

Am Ende wird alles gut.
Und wenn es nicht gut wird,
ist es auch nicht das Ende...

Und – ja, es ist mehr, als ich für uns alle erhofft hatte...

Grundgütiger - Lieber Gott - Allmächtiger

In Liebe und großer Dankbarkeit...

Habe und Seligkeit

Wer bin ich?

Fühle mich richtig!

Ungeschminkt, unangepasst...

Das Herz, es ist das Herz!

Es braucht Mut!

Braucht keine Schminke.

Es braucht Menschen!

Das Herz... wird immer erkannt.

Und die Unsicherheit?

So ganz ohne Schminke...

Herz macht mutig, es ist klug.

Mutig sein ist mutig.

Fühlt sich so richtig an.

Kummer und Schmerz.

Verliert an Schrecken.

Das Herz, es ist immer das Herz.

Führt mich zu mitfühlenden Menschen.

Der Kummer, der Abschiedsschmerz, die Endlichkeit...

Abschied von so Vielem...
Das Herz, es ist immer das Herz...

Manchmal auch das der Anderen...
das uns Seligkeit bringt!

Habseligkeiten

Oh, du Herzenshimmelshund!

Ist sie in meiner Nähe,
geht mir das Herz auf.

Reines Glück! Na klar macht sie mich selig.
So, wie nichts sonst!

Habseligkeiten - bei dem armseligen Besitz?

Fotos von Familie, meinen Fellnasen, Freunden.
Ja, Fotos unbedingt! Schwelge darin!

Das Sternenkettchen, das ich nie abziehe.
Fühle mich verbunden.

Und dann dieses Kuscheltierchen... ein kleiner Löwe,
den ich Mütterchen einst schenkte.
Er sitzt jetzt neben dem Bild von ihr auf der Fensterbank.
Der kleine Löwe hatte eine wilde Löwenmähne.
So wie es sich gehört!

Nicht bei unserem Mütterchen!
Sie verlangte nach Kamm und Schere, stutzte ihn zurecht und verpasste ihm einen Seitenscheitel.
Mit Spucke versuchte sie alles in Form zu halten.

So wie bei uns Kindern. Wenn ich diesen kleinen Löwen jetzt ansehe, neben ihrem Bild, habe ich ein warmes Gefühl und muss schmunzeln...

Und wieder fällt mir die Wimperntusche ein. Mir ging's wie dem kleinen Löwen, hatte auch eine Löwenmähne, die gestutzt werden musste! Als ich 12 war, kam die Wimperntusche zum Einsatz. Gehe bis heute nicht ungeschminkt aus dem Haus. Irgend etwas war wohl nicht richtig an mir, damals... und wirkt nach.

Doch — Stifte, Papier — Pinsel und Farben - Habseligkeiten?

Unbedingt! Immer, wenn etwas unerträglich wird, schreibe oder male ich... Aber auch in glücklichen Momenten...

Habseligkeiten eben...

HALLELUJAH

Hab's überall angekündigt...
meine Freude zum Ausdruck gebracht...
Am Montag kommt es -

Das Sofa !
ENDLICH...

Bin besessen -
Seit Wochen -
Von einem Sofa! Oh ja!
Dabei - Sollte nicht ICH längst auf diesem Sofa sitzen -
Anstatt - dass ich von „IHM" besessen bin?

Weihnachten – ohne Besuch –
UND - ohne gemütliches Sofa?

Das hört sich doch nach „Höchststrafe" an – oder?...
ODER?

Geht das denn? Na ja... war schon Besonders...
Das „Ersatzsofa" – geliehen...

Kalt wie eine „Hundeschnauze" und glatt wie eine
„Wasserrutsche"...
Ein „Einsitzer" aus schwarzem Leder...

Darauf - war ich in ständiger „Bewegung" - Unfreiwillig!
Glitt immer wieder ganz allmählich, mitsamt den Decken
und Kissen herunter...

Um dann völlig entnervt ins Bett zu gehen...

Doch nun - bin ich in froher Erwartung...
Fast wie bei einer Geburt...
Liege ja auch seit Wochen in den „Wehen"...

Hoffentlich passt es nun auch durch den schmalen
Treppenaufgang...
Es wird eine „Hausgeburt"...

Hab einige „HEBE-Ammen"... bestellt -

Und du, SOFA... lass mich ja nicht hängen!
(oder rutschen...)
Von Einer, die es kaum abwarten kann...

Hans im UNGlück

Als die Steine in den Brunnen plumpsten,
erschrak Hans...

Und plötzlich schlich sich ein Gedanke ein...

Was würde Mutter sagen, wenn er mit leeren
Händen heimkam?
Konnte er doch nun nichts mehr vorweisen
Nichts Sichtbares -
Um „Allen" zu zeigen, das er es gut gemacht hatte
in all den Jahren.

Und seine unerschütterliche Zuversicht, sein sonniges Gemüt?
Das blieb doch dennoch...!

Forschen Schrittes, frohen Mutes und mit leuchtenden Augen
stand er vor der Haustür seiner Mutter... und...

Machte kehrt -
Um sein Glück noch mal zu versuchen!
Sein Glück?

Aber dann würde er nicht mit leeren Händen dastehen,
könnte seine Mutter stolz und glücklich machen...

Einer sagte -
Am Ende, wird alles gut.
Und wenn es nicht gut wird,
ist es auch nicht das Ende.

Echt jetzt?

Na – hoffentlich...

Hans und Liese - Ein Märchen

Hans und Liese waren vergnügt und recht glücklich, wünschten
sich aber dazu auch die Dinge, die andere hatten.

Eine gute Fee gewährte ihnen nun drei Wünsche.
Acht Tage hätten sie Zeit, um klug zu wählen.

Wünsche, Vorstellungen, Träume...
So verrückt sie auch sind - oder unrealistisch -
Romantisch sind sie allemal...

Und was ist, wenn nichts davon in Erfüllung geht?
Immer nur träumen?
Liese fragte sich auch: „Ist das, was wir uns wünschen,
auch das, was ich mir wünsche?"

Kann ich auch für mich ganz alleine etwas wünschen?
Ja gut, Gesundheit, Zufriedenheit, gar Glück...
Das war klar. Da kommen wir überein...
Eine Arbeit, die zufrieden macht... auch klar
Doch, was ist...
Mit all dem, wonach MEIN Herz sich sehnt...

Ja, wonach sehnt es sich denn, mein Herz?
Die Fee sagte doch – ihr habt drei Wünsche...

Liese weiß, dass sie ihr Leben selbst gestalten will.

Vielleicht mit Hans, vielleicht aber auch ohne ihn.

Ihr erster Wunsch –
„Ich werde Hebamme und verdiene mein eigenes Geld."

„Ich möchte Mutter von fünf Kindern sein", der zweite Wunsch.

„Und etwas Geld", der dritte Wunsch.
„Nicht zu viel, und doch so viel, damit die Kinder eine gute
Ausbildung bekommen können!"

Ich finde, dass Hans von meiner Wunschliste profitiert,
dachte Liese...

Und – kann er sich nicht auch ohne Fee etwas einfallen lassen?

Eine Arbeit zu finden, die ihn zufrieden macht und mit dem
Geld einen Hof mit Tieren bauen?
Sich um die Kinder kümmern...

Wäre er dann nicht „Hans im Glück?!"

Und Hans?
Hans war mit allen Wünschen von Liese einverstanden –
Denn er war klug...

Und so lebten sie glücklich bis an ihr Ende...

Echt jetzt?

Was denn?

Schließlich ist das hier ein Märchen!

Herzens - Erinnerung

Sie stand einfach da, auf unserem großen Küchentisch.
Diese Tasse, hauchdünn, mit roten Klatschmohnblumen drauf...

Und - mit Untertasse - wohlgemerkt!
Wir waren arm, 1956 - wohlgemerkt!

Eine „Sammeltasse!"
Und darin...

„Instant Nescafe"
Ein kleines Döschen Milch...
Bärenmarke! Der reinste Luxus!

Und Zuckerstückchen, zwei - nicht mehr!

Dieser Duft – unwiderstehlich...
Bin acht...
Ziehe meine Kreise um den Tisch -
Dabei - immer ein Auge auf die Tür!
Mütterchen räumt noch etwas auf...
Es will verdient sein!

Bleibe schnuppernd vor der Tasse
mit dem köstlichen Duft stehen...
Kann nicht mehr brav sein... will nicht!
Nehme einen kleinen Schluck - und noch einen...
So köstlich und – so - fremd...

Kam öfter vor.
Mütterchen hat's nicht bemerkt...
Hab's ihr viel später erst erzählt.
Hat mich angelächelt... sie wusste es...

Schmücke selbst die Seele mit Blumen...
Oder mit einem köstlichen Kaffee mit „Bärenmarke"
und zwei Stückchen Zucker...

Himmelsleiter

Wohin führt so eine Himmelsleiter?

Na, himmelwärts – wohin sonst...
Da, wo wir alle mal hin wollen...

Na gut, vermutlich nicht alle...

Ist sie doch die Verbindung zwischen Himmel und Erde -
Da, wo Himmel und Erde sich berühren...

Was für eine himmlische Vorstellung!

Im Märchen oder in unserer Fantasie –
Ist eben alles möglich!
Eventuell - auch der Himmel auf Erden?

Vielleicht sind wir dann „federleicht?" Na klar...
Wie sonst käme man die Sprossen hoch mit Artrose,
Höhenangst, Schwindel, Übergewicht, Polyneuropathie...
Ich nehme an, wer da hoch darf, dem wachsen Flügel... genau!
Imaginäre...

Vielleicht hat jede Sprosse eine Bedeutung,
die erst erlebt, verstanden und vergeben sein muss –
Um dem Himmel näher kommen zu können…

Gibt es da etwa noch andere Bedingungen,
die man erfüllen muss?

Auf dem Weg nach oben, wenn's zu anstrengend wird,
die Angst sich anschleicht –
Oder man es sich gar anders überlegt hat…?

Klettert man dann einfach wieder zurück?

Wäre das nicht eine Menge Gerangel auf den Sprossen…?

In einem Lied heißt es

„Der Himmel ist hier"…

Von wegen!

Ok, manchmal -
Vielleicht -
Ein bisschen…

Reinhard Mey singt:

„Über den Wolken muss die Freiheit wohl grenzenlos sein.
Alle Ängste alle Sorgen sagt man, bleiben darunter verborgen
und dann würde, was uns groß und wichtig erscheint
plötzlich nichtig und klein."

Jakob – hat sie gesehen!
Engel, die auf der Himmelsleiter auf und abstiegen...

Na, wenn das nichts zum Freuen ist...

Also... wagen wir es?!

Immer mehr Dinge abgeben

Ein materieller Gegenstand, an dem ich sehr hänge -
Ein Ziel, das ich unbedingt noch erreichen möchte -
Ein Mensch, mit dem ich etwas Wichtiges klären muss -
Eine körperliche Fähigkeit, die mir sehr viel bedeutet -
Ein Mensch, der mir im Augenblick am nächsten ist -

Auto oder Handy, da hänge ich dran! Und wie!
Schaffen sie doch Kontakt, Bindung, Unabhängigkeit -
All das, wonach ich strebe, mein Herz sich sehnt...

„Ich nehme die Kaffeemaschine!" An ihr hänge ich auch...
Nach Kaffee sehne ich mich auch, brauche ich – täglich.
Gibt ja „Instant" Kaffee und so...
Sie abzugeben, würde längst nicht so weh tun...

Doch wenn ich's ernst meine...
„Liebe Kaffeemaschine – du bist leider ausgeschieden"...

„Früher" wollte ich Hebamme werden...
„Später" wollte ich mit dem Rucksack
und einer Freundin nach Neuseeland...

„Heute" will ich meine gesundheitliche Unabhängigkeit erhalten!
Wie sich die Zeiten ändern...
Denn manchmal werden sie uns einfach abgenommen...
Und manchmal bekommt man sie einfach nicht zurück...
Die körperlichen Fähigkeiten.

„Ein ganz normaler Prozess" – sagt man...
Ja schon... aber es tut verdammt weh!

„Irgendwas geht doch immer" – sagt man...

Und dann ist es eben Wilhelmsthal, Wilhelmshöhe, der Dörnberg
oder der schöne Reinhardswald...
DA kann man mich jetzt treffen, mit meinem Linchen,
meinen Freunden.
Vielleicht beim Picknick unter freiem Himmel,
bei Vogelgezwitscher und lauen Lüften...

Mein „anderes Neuseeland" eben...
Und etwas Sehnsucht hebe ich mir auf. Wer weiß...

Und dann ist da noch der Pfarrer...„Der kann was erleben"...
Bin immer noch wütend...

Und das nach drei Jahren! Doch in diesem Jahr ist es dran!
Das Gespräch! Versprochen!

Wat mutt, dat mutt!

Und nun das Wichtigste!
Meine Familie, meine Freunde.

Hab ich geerbt, die Einstellung...
Von meinem Mütterchen...
Sie hat uns vorgelebt, was Familie bedeutet. Und ich?
Hätte es nicht besser treffen können -
Mit meiner Tochter, den meisten Mitgliedern meiner Familie
und meinen Freunden!

Der wichtigste Mensch in meinem Leben war und ist
meine Tochter. Schon immer!

Und besonders in diesen Zeiten ist sie mir am nächsten.

Und Konsequenzen aus all dem?
Aber sicher... sind in vollem Gange...
Zur Zeit mehr im „Kleinen." Doch - wer weiß...

In diesen Zeiten

Das überrascht mich dann doch...
Nach meinen Aufzeichnungen sind es... vierzehn!
Plus drei Therapeuten und zwei Ärzten.
Also neun davon Familie und Freunde.
Reale Treffen! Trotz Pandemie und Kältewelle -
Picknick auf der „Banke" im Park mit einer Freundin und
Picknick am Grab von unserem Mütterchen unter der
ehrwürdigen alten Ulme, mit Bruder und Schwester,
bei Kreppeln und heißem Kaffee...
Das war sehr besonders, innig und nicht selbstverständlich in
diesen Zeiten... man weiß ja nie...
Dieses Glücksgefühl, klingt noch immer nach!
Die meisten Begegnungen fanden bei Freunden zu Hause statt,
getestet und auf Abstand – versteht sich...
Selbstgebackene Windbeutel, selbstgebackenes Brot, köstlich!
Ich habe - Zeit! Fühle mich gerne „zwangsbeglückt", oh ja!

Und glaubt mir, so viel Kaffee habe ich in den letzten zehn
Jahren nicht getrunken, wie in diesen verrückten Zeiten!
Aber gut, schlägt's Herzchen wenigstens davon schneller...
Zeit für richtig gute Gespräche,

die auch mal ans „Eingemachte" gehen, schwingen nach.
Gehe oft beseelt nach Hause.
Keine Hetze –
Kann ja eh nirgends mehr hin.

Zwangsbeglückt eben! Gut so!

Kochen und Backen für Familie und Freunde -
Und es hinbringen... geht doch immer!
Dennoch besonders...

Telefonieren ist meine dritte Wahl... weil – ich dazu neige,
manchmal zu viel, zu lange, zu schnell zu reden...
Manchmal sogar ins Wort falle – Schande über mich!
Deshalb liebe ich „Whatsapp!"
Zeit zu reden, Zeit zu lesen, Zeit zu reagieren oder gar zu
löschen. Und dann... die vielen, herrlichen, oft lustigen Videos...
Die eigenen eingeschlossen... stärkt alles unsere Bindung!
Für mich – wunderbar entlastend.

Hab's ja schon die ganze Zeit geahnt...
Mir fehlt nichts Wichtiges, gar Unverzichtbares...
Dieses Gefühl überwiegt, jedenfalls zur Zeit...

Doch dann – in einer schlaflosen Nacht, bei einer Tasse heißer
Milch mit Honig ist da dieses Gefühl...
Umarmungen – herzliche, liebevolle,
kürzer oder länger.

Kumpelhafte - Fehlen!

Spontane Treffen mit „mehreren Menschen" –

Fehlen!

Habe für viele Einschränkungen guten Ersatz gefunden.
Und manchmal öffneten sich „neue Türen",
so wie gerade jetzt –
Drei Uhr morgens, sitze in meiner gemütlichen Küche,
leise Musik läuft, heiße Milch mit Honig vor mir,
Lina schnarchend neben mir -

Und ich kann darüber schreiben -
Wie gut es mir geht!

Jetzt noch eine herzliche Umarmung -
Und es wäre perfekt!

"Lina, komm doch mal her!"

Und schon ist sie da, die herzliche Umarmung...

Vom Schlafen ganz warm, mit weichem Fell, etwas irritiert hält sie doch ganz still, lässt sich umarmen, leckt ganz zart über meine Hand. So sieht ihre Umarmung eben aus!

Die anderen werden folgen...

BALD – ganz sicher!

Auf etwas Gutes warten, hat auch seine Qualität!

Vorfreude eben...

Herz, was willst du mehr...

Kleine Raupe Nimmersatt

Spontane Treffen...
Finde ich super!!! Doch, doch...
Und dennoch – an manchen Tagen...
Gehe ich leer aus – so wie heute –
Gut, mein Herzenshund ist da – mein Geschenk des Himmels –
Aber heute, heute wünschte ich mir einen Menschen –
Einen, der mir nahe steht –
Mit dem ich im Garten zusammensitzen kann, bei einem
Käffchen und guten Gesprächen...
Doch – keiner, nicht einer – ist erreichbar.

Fühle den Nachteil spontaner Begegnungen...
Und zwar direkt in der Magengegend, oh ja!
Habe sofort etwas dagegen unternommen –
Sozusagen – spontan –
Zwei - Teller Gemüsereissuppe, eine große Laugenecke, zwei
Eier mit Majo, ein Brot mit Butter und Marmelade...
SO, DAS HABT IHR NUN DAVON!
Mich einfach so mit dem Kühlschrank alleine zu lassen...
Etwas später dann - noch ein Marmeladenbrot, ein Glas Milch
und noch ein Glas Milch...

Ihr könnt mich jetzt „Die kleine Raupe Nimmersatt" nennen...
Nur, dass ich leider kein schöner Schmetterling geworden bin –
Seufz!

An manchen Tagen ist meine Seele
einfach nicht satt zu bekommen...
Dann seh' ich die „kleine Johanna" von damals vor mir... die in
der Nacht aufsteht, um sich einen Streusel –
(Butter, Zucker, Mehl) – zu kneten.

Heimlich und furchtlos...
Um ihn ganz genüsslich unter der Bettdecke zu verspeisen
und dann einzuschlummern...
Kummer, Sorge und Stress zerschmolzen mit dem köstlichen
Streusel auf meiner Zunge... oh ja!

Ich war sechs Jahre und wusste schon genau, was zu tun ist,
damit niemand merkt, was da nachts in der Küche
vor sich ging...
Hab die Strategie wohl beibehalten, keine „Neue" gelernt..."
Habe heute einen „Trampelpfad" zum Kühlschrank...

Denn: „Wat mutt, dat mutt"

Läuft rückwärts und bergab, aber läuft

Und was?
Na ja -
Die Ablösung!!! Ok - und was genau?

Nagelablösung?
Netzhautablösung?
Von der alten Heimat etwa?
Der Familie?

Und jetzt kommt`s...
Oder gar von meinem Kind? Dem Einzigen!
Ist doch erst 53!

Was? Ich? Seid ihr verrückt?
Wer macht denn so was?

Dafür bin ich doch viel zu alt, du meine Güte...

Von Allem löse ich mich - freiwillig -
Aber doch nicht von meinem KIND!!!
Leute – ich könnte daran sterben (ein bisschen)...

So, das war die lustige Variante...
Es ist aber gar nicht lustig...
Kein bisschen...
Lenke ich etwa gerade wieder ab?
Und ob!
Das ist doch schon immer meine Strategie -
Besonders dann, wenn's eng ums Herz wird...
Doch so eng war's mir noch nie...
Die Wunde noch nie so schmerzhaft...

Ob ich das Pflaster schnell oder langsam ablöse –
Es bleibt höllisch!

Ablenkung ist gerade auch keine LÖSUNG... Verflixt...

Liege wach, wie so oft...
Mein Unterbewusstsein macht (mit mir im Schlepptau) -
Mal wieder - und wie immer - was es will... es kreist -
Wir versuchen mit dem Verlust und dem Verlassenheitsgefühl
fertig zu werden...
Doch – zeigen sich nicht da, hinten am Horizont -
Zaghaft zwar und noch schemenhaft -
Neue Möglichkeiten auf?

Wo einer sich weiterentwickelt, müssen die anderen eben mit...
Wie auch immer.

Es braucht Zeit und Geduld (ist noch ausbaufähig)...
Und auch nichts Neues...
Seufz!

Aber an Mut, hat es doch nie gefehlt!

Na, dann werde ich mal den Mut motivieren
und das neue „Abenteuer wagen!"

Mit all meinen „Liebsten!"

Tja, so können Abenteuer im Alter eben auch aussehen...

Ich sag`s Euch...

Loslassen

Was ist denn bloß los mit mir??

Wieso kann ich meine „Finger" nicht davon lassen?

Wieso kann ich mein „Maul" nicht halten?

Wieso glaube ich, ich müsste ständig etwas „Gutes" für andere
tun, ohne gleich zu bemerken, dass ich mich womöglich
einmische, es mich nichts angeht...

Und es dann gar nichts Gutes mehr ist?

Das muss eine Krankheit sein... und schwer zu behandeln!

Doch eins möchte ich „festhalten"...
Ich bin ein „MACHER!" Schon immer!

Wäre ich ein Hund, ich wäre ein Hütehund! Jawohl!
Jetzt ist mir alles klar...
Sagt man nicht, dass Hundehalter oft ihren Hunden
sehr ähneln - auch äußerlich?

OK, ich bin zwar ein etwas übergewichtiger Hütehund...
Aber meine Schafe hüte ich immer noch!
Es steckt halt in mir drin... was soll ich machen...

Ja, ja... loslassen, loslassen -

Mach ich doch! Aber gleich alles?
Nö -
Darf sie das? Einfach - Nö?

Na klar! Und ob! Ist sie alt? Sie ist alt!

Dann darf sie das...

Irgendwie muss das Alter doch zu was gut sein - oder was?

Bin lange genug „in der Spur" gegangen...

Und lange genug „neben der Spur", kenne beides...

Was kann mir noch passieren?
(Ich hoffe, es passiert noch was!)
Das Leben ist schön...

Mein Fahrrad

Gut, keine Lebensnotwendigkeit - es zu besitzen...
Doch mein Herzblut hing daran.
Lange gespart, dafür...
Gesucht... und gefunden!

Und dann stand es da, im Keller,
funkelnagelneu! Und bezahlt!
Nur für mich!

So eine Freude hatte ich seit meiner Kindheit nicht!
Noch heute denke ich an die wunderbaren Ausfahrten in die
Natur, mit diesem Rad.
Eine Gemeinsamkeit, die ich teilen konnte – damals -

Poliert, aufgemotzt mit Tasche, Flaschenhalter, einer besonderen
Klingel und einem Gel-Fahrradsattel!
Wie gesagt, mein Herzblut hing daran.

Doch da war meine liebe und sehr kranke Freundin -
Spaziergänge?
Nur sehr begrenzt noch möglich.

Rad fahren, ja, das ginge noch.
Damals!

Es war zwar nicht mein letztes Hemd,
das ich verschenken wollte...

Doch mein Herzblut hing daran.

Herzblut hin oder her...

Rad geputzt, verpackt und mit riesiger Schleife versehen.
Mit etwas Wehmut und großer Freude per Bahn versandt!

Und - obgleich mein Rädlein weggegeben -
Fühlte ich mich reich beschenkt -
Durch unsere innige, vertrauensvolle Freundschaft -

Ein Leben Lang...

Mut

Erinnerungen -
Sollen uns nicht im Wege stehen...

Sie annehmen -
Sie loslassen -
Schenkt uns tiefe Freude -
Vergebung und Trost...

Sie inspirieren uns und lassen uns reifen auf unserem Weg...

Und wie Amanda Gorman in ihrer wunderbaren Rede sagte -

„Die neue Morgendämmerung erblüht,
Wenn wir sie befreien -
Denn es gibt immer Licht -
Wenn wir nur mutig genug sind -
Es zu sehen, wenn wir nur mutig genug sind es zu sein"

Und schon ist sie da -
Die Inspiration

Neue Räume

Gerade singt Lena...

„Erinnerungen – wir lassen sie gehen, gehen, gehen...
Wir wandern irgendwo hin -
Wo wir sein können wie wir sind -
Wo grad' alles wieder stimmt...“

Dachboden, Wohnung – aufgeräumt - vorletztes Jahr schon.
Wozu Schlaflosigkeit doch auch gut sein kann...
Es ist licht und leichter geworden –
Nicht nur in den Räumlichkeiten...
Wir haben oft übers „Ausmisten“ geredet,
meine Freundin und ich.

Immer wieder verschoben.
Wir kamen einfach nicht ins Handeln.

Am Ende hat es ihre Tochter übernommen, das Aufräumen.
Vom Bett aus gab sie ihr Anweisungen. Es waren intensive
Mutter- und Tochtererinnerungen. Auch Auseinandersetzungen
und ein sehr schmerzliches, aber dennoch friedliches Loslassen.

Bei mir war da noch der Keller... es grauste mir etwas...
Alles, aber auch alles - nochmal in die Hand genommen -
Manchmal ans Herz gedrückt - manchmal ein Tränchen
verdrückt...
Die Zeit, das Gefühl und die Verbundenheit wertgeschätzt und
endlich losgelassen.

Besonders schwer −
Das kleine Zelluloidpüppchen, dem unser Mütterchen Engelshaar
mit einem Haarreif mit Stern verpasst hatte, das ein aus
Goldpapier akkurat gefaltetes Kleid trug und ein Täschchen am
Arm und eine klitzekleine Kerze in der Hand hielt.

Oh ja, sie war nicht nur eine Dichterin!

Seit meiner Kindheit stand es in der Weihnachtszeit immer an
seinem Platz. Auch noch im Altenheim.

Sieht nun sehr verschlissen aus − das Engelchen −
Alles hat eben seine Zeit und dennoch - nicht leicht...
Das Loslassen - vieles konnte ich verschenken.

War mir Trost und Erleichterung.

Rezept für einen Märchenprinzen

Ich persönlich mag sie gern – humorvoll...
Oh ja!
Offen und ehrlich, klug und spontan –
Doch vor allem klug...
Oh ja!
Und sexy – mit einer Priese kuscheliger, liebevoller
Vertrautheit... bevorzugt „al dente..."
Oh ja!
Ein Quäntchen Verrücktheit würde mir munden...
Und ja – auch etwas Fürsorglichkeit –
Wohl dosiert – versteht sich – runden den Geschmack ab!
Lecker...
Oh ja!
Eine große Portion Natur, Menschen und Tierliebe dazu
und das Gourmetrezept ist fertig...
Voilà...

Das Rezept ist mir nie gelungen...
Vermutlich zu viele Zutaten...

Koche seit Jahren nach den Rezepten vom Mütterchen...

Einfach und schlicht –
Ohne viel „Schnickschnack…"

Solange eine große Portion Liebe mit untergerührt wird…
Schmeckt's –
Oh ja!
Und um die Weihnachtszeit… sehe ich mir jede Menge Märchen
im Fernsehen an…

Ist doch auch anstrengend mit so einem Märchenprinzen…
Oder etwa nicht?

Und womöglich hat der auch ein Rezept –
Für eine Märchenprinzessin…
Oh je!
Immer wie aus dem „Ei gepellt"
Immer „drei Schritte hinter ihm…"
Mindestens drei Kinder, aber nur Jungs…

Ne, ne, ne… da mach ich nicht mit!

Aber… sollte einmal ein Prinz auf einem weißen Einhorn,
versteht sich –

In silberglänzender Rüstung -
Mit goldener Krone im güldenen Haar -
Auf mich zugeritten kommen -

Schwinge ich mich dann auf's Einhorn... (armes Einhorn)
Und reite in den Sonnenuntergang?

Oder renne ich – mit meiner Gehhilfe -
So schnell ich kann davon?

Keine Ahnung... bin auf alles gefasst!
Oh ja!

Leute, es ist ein Märchen...

Schnee

Schnee... oh ja, Schnee! Wie wunderbar!
Bäume und Büsche wie mit Zuckerwatte überzogen – herrlich!
Der Blick aus meinem Fenster, vielversprechend!

Na ja, lange liegenbleiben wird er nicht, der Schnee...
Doch noch ist er da.

Und wenn man einen jungen Hund hat und einen
wundervollen Park in der Nähe...
So wie ich... Ha!
Nichts wie hin!
Leine ab und los geht's...
Sie rennt riesige Runden und springt wie ein Böckchen...

Ist der glücklichste Hund unter der Sonne!

Und das Frauchen auch!

Ok, also springen werde ich jetzt nicht...

Aber glücklich bin ich schon

Schwesterherz

Fühle mich mit Herz und Seele verbunden -
Mit dir – liebste Schwester -

So viele Erinnerungen - An Gutes und Schweres...

So viele - „Weißt du noch"...

Unser Spiel mit den Holzklötzchen unter dem Küchentisch?
Reste vom Opa Heinrich's Schreinern -
Die Klötzchen...
(irgendwann war ja auch mal ein Finger dabei)... Gruselig!
Und dann die vielen kleinen Kätzchen...
Nebenan auf dem Heuboden...
Die wir zu verstecken suchten, damit die Vermieterin sie nicht
„verschwinden ließ"...
Es gab ja jedes Jahr „neue"...

Weißt du noch?

Und das Sofa... mit dem Wandbehang dahinter
und den röhrenden Hirschen darauf...

Manchmal, wenn Papa vor unserer Schlafenszeit nach Hause kam, durften wir ihn frisieren...

„Weißt du noch?"

Schleifchen ins Haar binden –
Er hatte ja so schöne Locken -

Und einmal haben wir Nivea Creme in seine Haare mit „eingepflegt"...

Weißt du noch?

Er saß nur da, hatte die Augen zu und genoss es...

Weißt du noch?

Und dann im Winter...
Der Schnee lag hoch und blieb wochenlang liegen, so dass er vereiste und die Schlittenfahrten auf der Gasse ordentlich Fahrt aufnahmen...
Einer lag bäuchlings auf dem Schlitten, einer saß obenauf...
Ab ging's – herrlich!
Und erst, wenn die Baumwolltrainingshose nass und steif

gefroren war - und das war meist,

bevor es dunkel wurde - ging's heim.

Mutti hat uns dann die nassen Sachen ausgezogen und wir

konnten – nacheinander – unsere eiskalten Füße in den Herd

stecken, da wo auch das Holz zum Trocknen lag.

Das tat ja sooo gut.

Später kamen da die Schnaps Keramik Flaschen - mit Sand

gefüllt... (zweite Füllung) – hinein.

Als Wärmflaschen für die Nacht.

Weißt du noch?

Und wenn wir krank waren?

Tja...

Dann waren wir meist alle krank...

Erinnere mich nur zu gut an Mumps...

Wir lagen alle im Bett...

In einem Zimmer...

Es war Winter!

Der Bollerofen konnte nicht verhindern, dass die Eisblumen - so

wunderschön - alle Fenster „zublühten"...

Dann wurden die „Kommissdecken" an Nägeln befestigt und

davor gehangen... um die „Wärme" im Zimmer zu halten...

War ziemlich gemütlich... denn - wir waren nie allein...

Weißt du noch?

„Gemeinschaftskraulen" - wir vier... einer kraulte den Anderen...
Nach fünf Minuten – alle umdrehen... das tat ja so gut...

Weißt du noch?

Und dann war da das Spitzmäuschen...
So klein, völlig nackt, noch blind und ganz hilflos, lag es da
zwischen Erdschollen im Feld.
Na klar musste es gerettet werden!
Hab's in der hohlen Hand nach Hause getragen.
Vorsichtig und liebevoll in eine Streichholzschachtel
mit Watte gelegt...
Hab ein kleines „Liebesperlen Fläschchen" mit Milch gefüllt –
Und versucht, das Spitzmäuschen damit zu füttern.
Es hat ihm wohl nicht geschmeckt...
Hab's mit ins Bett genommen, da war es schön warm...
Du warst dabei, ob du dich erinnerst? Warst erst fünf...
Am anderen Morgen war es gestorben...
Wieso nur? Ich hatte doch alles getan -
Ich war sieben - und hatte meine erste Begegnung
mit dem Tod -

Obwohl – hatte Mutti nicht ständig Mäuse mit der Mausefalle
gefangen und dann im großen Herd mit den Ringen verbrannt?
War wohl etwas anderes...

Weißt du noch?

Unser erstes eigenes Kleid...
Von Frau Waldeck, der Schneiderin, extra für uns genäht...
Neu!
Altrosa, mit brauner Samtborte...
Zur Hochzeit von Helene und Walter Koch in Hofgeismar.
(Man, war mir schlecht, auf der Hin- und Rückfahrt
hinten im Auto)...
Und dennoch - war es so aufregend...
Mutti in ihrem Element -
Wir Kinder mussten etwas „von ihr selbst Gedichtetes"
vortragen... sie war stolz auf uns - Oh ja...
Und es gab Suppe mit Eierstich -
Hab den Geschmack noch heute auf der Zunge...

Weißt du noch?

Und die Waldspaziergänge -

Sonntagmorgen... ich erinnere ich mich so gerne!
Meine Liebe zur Natur... da fing sie an!
So um fünf Uhr dreißig... weckte Papa uns... und es ging los.
Wir waren ganz still, als wir am großen Loh ankamen.
Die Sonne war noch nicht aufgegangen...
Und ich wusste, dass die Rehe um diese Zeit
kleine Kitze hatten...
Was waren wir aufgeregt...
Der Nebel hin tief über den Wiesen und dem Reinhardswald.
Und dann ging die Sonne auf... unglaublich schön -
Im Nu löste sich der Nebel auf. Das Gras war noch feucht,
doch nach einer Stunde kamen wir im „Bärenloch" an, wo Papa
seine „geheime Stelle" hatte.
Und da standen sie – wunderschön anzusehen –
Maiglöckchen – zuhauf!
Auf dem Rückweg nahmen wir ein Sträußchen mit...
Für seine und unsere Mutti...
Und plötzlich sahen wir es -
Es lag in der Furche zwischen Wiese und Feld.
Wir wären fast dran vorbei gegangen, ohne es zu bemerken...
Es lag ganz still, sah uns an, mit seinen
schönen braunen Augen...

Weißt du noch?

Haben uns vorbei geschlichen...
Sicher war die Ricke noch in der Nähe...

Weißt du noch?

Das Gras war inzwischen trocken und wir legten uns
nebeneinander, mitten in eine Blumenwiese...
Augen zu und Ohren auf...
Es zwitscherte ohne Unterlass –
Es duftete einfach himmlisch –
Der Himmel über uns – der Papa neben uns -
Himmlisch eben...

Weißt du noch?

Auf dem Rückweg zu „Kramers", dem Waldcafe...
Wir bekamen eine Sinalco, durften wippen und schaukeln...

Weißt du noch?

Papa ein Bier oder zwei oder drei oder...
Er ging nicht mit nach Hause...
Wie schade...

Weißt du noch?

Und jetzt kommt`s...
Mein erster Kuss -
Mit 15...!
Auf dem „Alten Friedhof"
Als wenn das nicht schon seltsam genug gewesen wäre...
Warst du dabei...!
Muss jetzt noch schmunzeln...
Du saßt dicht neben mir -
Als Sicherheit... sozusagen -
Keine Ahnung warum – damals...
Und – Ohgottohgottohgottohgottohgott -
Ich werde doch jetzt kein Kind kriegen...

„Weißt du noch?"

In Liebe – Deine Schwester

So nicht erwartet

Dieses innere Glücksgefühl...

Und - es bleibt! Lässt sich durch nichts vertreiben!
Ist wie ein warmer Sommerwind
beim Spaziergang durch die Wiesen...
Mit meinem Herzenshimmelshund -
Führt mich zu mir...

So nicht erwartet!

Ach - ich liebe Überraschungen!

„Nimm, was du brauchst – was dir fehlt"...
Irgend etwas fehlt doch immer, oder etwa nicht?

Da wäre die Geduld – auch mit mir selbst – steht ganz oben!

Was wäre, wenn ich mehr davon hätte?
Inneres Glück, Zufriedenheit und Verständnis
hätten mehr Gelegenheit sich auszubreiten...?
Geduld - auch für Vergebung?

Herr, schick mir Geduld, aber zackig! Steht auf einer Karte...
„Im Alter hätte man mehr Geduld", sagt man...
Wegen der Erfahrung – und so...

Doch – wo treibt sich dann meine wieder mal herum?
Echt anstrengend! Manchmal...

So nicht erwartet...

Na ja – wer hat denn gesagt, es wäre einfach...

Nur Geduld... (Na, toll!)

Sterntaler

Alles aus der Balance, so anders...
Und dennoch -
Das fromme Mädchen versucht sie wieder zu finden -
Auch für andere das Richtige zu tun!

Doch, so ganz ohne Hemd, so schutzlos?
Alles weggeben? Verschenken?
Alles??

Alles!

Aber dann — was bleibt mir?

Vertrauen vielleicht?
Mit Vertrauen wird es schon gehen
Doch, doch - jetzt muss es sein!
Nicht morgen, oder später...
Jetzt!
Es wird schon gehen -
Mit Gottvertrauen
Ganz sicher!

Und wenn wir dann alle unser „Bestes" geben...
Obwohl wir das Hemdchen selbst gebraucht hätten?

Wer weiß - vielleicht fallen für uns dann auch
Sterne vom Himmel...
Unerwartet -
Hilfreich und inspirierend -

So wie...
Ein Lächeln vielleicht
Ein freundlicher Dank
Ein lieber Gruß
Ein kleines Blümchen
Ein belebendes Gespräch...

Und wenn ein Echter dabei wäre?

Nehme ich auch...

Und es gibt sie doch... noch!

Ok -
Vereinzelt zwar nur -
Aber immerhin!

Eigentlich gehören sie ja unter Artenschutz –
Weil diese besondere Spezies am Aussterben ist -

Ich sag`s euch!

Denn es sind die mit Empathie, Wertschätzung, Freundlichkeit -
Die, die das Individuum im Blick haben, so im Ganzen -
Versteht sich... (nämlich uns)...

Auch Herzblut ist dabei!
UND - (Nein, nicht das im Reagenzgläschen!)...

Oh, ja!

Und Zeit, Zeit nehmen sie sich auch noch!

Unglaublich...

Ok, nicht endlos - aber doch so, dass es verdammt gut tut...

Oh ja!

Und sie haben auch kein Problem, Eigenverantwortung ihres Gegenüber einzufordern - oder zu akzeptieren...!

Und sie kann ZUHÖREN - diese besondere Spezies...

Herrschaftszeiten - ja, wo gibt es denn so was?

Hab ich so eher selten erlebt!

Echt jetzt?
Echt jetzt!

Dabei trägt ER doch den „Weißen Kittel...“
Bei dessen Anblick der Blutdruck steigt -
Ohne, dass man es bemerkt...
(Leute... er steigt, wegen des Kittels)... der Blutdruck...

Und die „um ihn herum?"...

Allesamt – gute Seelen!"...

Sogar am Telefon fühlt man sich gut aufgehoben...

Oh ja!

Sagt man nicht „Wie der Herr so`s Gescherr"
(auch im Positiven)

Leute... und ich - habe „so Einen erwischt!"...

Mit samt seinem „Gefolge"... versteht sich...

Was hab ich doch für ein Glück!

Echt jetzt?
ECHT JETZT!

Venedig

Sie ist da... endlich!
die langersehnte Inspiration...

Venedig...
Traf mich -
Wie ein Pfeil... ja!
Nicht der vom Amor -
Wo denkt ihr hin?
Aber es traf mich dennoch
Mitten ins Herz...

Als mein Enkel so ganz nebenbei erzählte,
er reist mit Freunden nach Venedig...
Einfach so...

Venedig... gehört zu meinen Sehnsuchtsorten...

Hab ihm sogleich einen Reiseführer besorgt...
Und selber erst einmal geschwelgt... und wer weiß...
Habe eine Freundin — die zieht es auch dahin...
Hoffnung macht sich breit!

Jawohl!
Ein lang vermisstes Gefühl -
Wieder „über den Tellerrand" sehen zu können!

Venedig – ich komme!

Na gut, nicht sofort...
Lasse die „Vorhut" erst einmal auskundschaften,
aber dennoch...

Venedig – Sehnsuchtsort

Du bisher „Unerreichte", du „Schöne",
schon so lange in meinem Herzen...

Die Romantik schlägt gerade bei mir zu...
Ich hoffe etwas davon bleibt!

Wer weiß...

Vertrauen

Zu Gott!
Zwar immer mal wieder auf eine harte Probe gestellt -
Und kann auch mal abhanden kommen -
Das Vertrauen –
Aber nur kurzfristig -
Kurzfristig!

Dann ist es mit großer Verlässlichkeit wieder da!
Mein Vertrauen zu Gott.
Gott sei Dank!

Worauf vertraue ich noch?

Auf meine eigene Stärke, mein Selbstvertrauen -
Schon als kleines Mädchen war es da.
Na klar, nicht immer...

Man hatte mir viel zugetraut! Und zugemutet!
Hat mein Selbstvertrauen gestärkt!
Mich mutig gemacht.
Worauf vertraue ich noch?

Auf Familie, Freunde, auf Menschen aller Art...
Auf die Natur und meinen Herzenshimmelshund!

Nun gut, am Vertrauen zu Lebensgefährten
muss ich noch arbeitet...

Bin zur Zeit „arbeitslos" - in Rente sozusagen...

Ganz im Vertrauen? Herrlich!

Vom Vertrauen, das auszog, um Mut, Freude und Geduld wieder zu finden

Es war einmal vor langer langer Zeit, ein großes Vertrauen.
Es lebte in einer armen Familie. Die vier Geschwister mit
Vater und Mutter, mochten das große Vertrauen sehr.
Sie gingen liebevoll miteinander um und halfen sich gegenseitig.
Sie hegten und pflegten das große Vertrauen, ohne darüber
nachzudenken. Einfach so.
Und das Vertrauen wuchs. Der Familie ging es gut, auch wenn
das Brot knapp war und es sehr oft Bratkartoffeln
oder Milchreis gab.
Alles nicht schlimm. Das große Vertrauen war ja da.
Und das Vertrauen wuchs mit der Zeit, so wie die Kinder.
Bei Krankheiten, wenn alle fiebernd im Bett lagen, hat der
Vater den Bollerofen angemacht, damit die Kinder es warm
hatten und die Mutter hat sie liebevoll umsorgt.
Es stellte sich heraus, dass das Vertrauen Weggefährten hatte.
Das Selbstvertrauen, den Mut, Geduld und die Freude.
Sie alle sorgten dafür, das das Leben schön war.
Doch dann, irgendwann, keiner wusste es so genau,

geschah etwas. Freude und Mut zogen sich zurück.
Auch das Vertrauen nahm Schaden.
Die Kinder, schlaflos und ängstlich, versuchten zu verstehen.
Sie dachten, wenn wir nur brav und geduldig sind, wird das
Vertrauen wiederkommen und alles wird wieder gut.
Sie holten sogar ihren alten Zauberstab,
ein kleines Weidenstöckchen hervor -
doch alles Wünschen half nicht.
Es wollte nicht wieder gut werden.
Aber dann, nach langer Zeit voller Traurigkeit,
geschah etwas Seltsames!
Da war das Lächeln freundlicher Menschen, treuer Freunde,
die lauen Lüfte, der blaue Himmel, die Blumenwiese
im Sonnenschein, das schnurrenden Kätzchen.
Und ihre Herzen wurden weit und das Selbstvertrauen konnte
wieder wachsen. Und mit ihm der Mut,
die Freude und die Geduld.

Nun gut, die Geduld - braucht noch etwas Geduld...

Und die Moral von der Geschicht'?
Verlier' den Mut, die Freude und die Geduld nicht!

Was für ein Geschenk

Heute Morgen... keine Schmerzen...
Welch ein Glücksgefühl!

Seit Wochen... endlich wieder klare Gedanken...
Was für ein Geschenk!

Zehn Minuten sitzen, ohne Schmerz...
Vier Stunden Schlaf...
Was für ein Geschenk!

Freude macht sich breit...
Was für ein Geschenk!

Ok, die Medizin wirkt...
Treibe ich den Teufel mit dem Beelzebub aus?

Kann sein... aber -
Heute Morgen... keine Schmerzen!

Was für ein Geschenk!
Was für ein Geschenk!

Wonnemonat Mai

Es ist doch der „Wonnemonat Mai?" Oder was???
Doch wo bleibt bloß das Wonnige?

Oder, wie Ringelnatz mal dichtete:
"Es dürstet mich nach lauen Lüften"...

Ist etwa die Luft raus?
Wie bei einem schlappen Luftballon?

Obwohl – die Sonne scheint - ab und zu - und ich den doofen
Hausputz endlich erledigt habe –

Zwei wundervolle Spaziergänge mit meinem
Herzesshimmelshund hatte -

Fünf, ja fünf liebe Menschen getroffen habe...
Fehlt mir die Sonne... der Luftballon bleibt schlapp...
Hoffe auf morgen -
Vielleicht mit etwas Sonne...
Und einem Luftballon, der prall gefüllt
im Blau des Himmels davon schwebt...

Na gut, das ist jetzt vielleicht etwas zu dick aufgetragen...

Aber hoffen, hoffen geht doch immer, da bin ich sicher...

Meinem Gott sei gedankt!

You'll never walk alone

Mein Gefühl sagte mir – war doch ein ganz gutes Jahr...
Gar nicht so viel passiert...
Wirklich?
Könnte es sein, dass sich die Ereignisse die Waage hielten,
für Ausgleich sorgten und so dieses Gefühl aufkam?

Zog meinen Kalender zu Rate.
Und war überrascht,
wie viele bittersüße Ereignisse es in diesem letzten Jahr
doch gab...

Eine Menge Schweres war dabei –
Bei genauerem Hinsehen...

Doch anscheinend konnten die süßen und
lieblichen Ereignisse die Bitteren und Sauren
annehmen und loslassen...
Gott sei Dank!

Ja gut, nicht immer.
Mit manchem hadere ich noch.

Hoffe, in diesem Jahr das Grab meiner lieben Freundin im
hohen Norden besuchen zu können...
Meine mangelhafte Gesundheit in „die Gänge" kommt -
Und die meiner Familie!
OP`s und schwierige Untersuchungen haben uns das Leben
schon schwer gemacht...

Oh je, da ist ja doch ganz schön viel Bitteres...

Doch dagegen halten konnte der Garten,
Labsal für die geschundene Seele -

Meine herzallerliebste Seelen-Schwester - Wenn sie da ist,
fühlt sich alles gut an!

Picknicks in der Natur.

„Alte Freundschaften" neu aktiviert.

Wandern (fast) überall hin... immer meinen
Herzenshimmelshund und einen lieben Menschen
an meiner Seite...
Nie habe ich unseren Zusammenhalt so gebraucht und auch
gespürt - wie im letzten Jahr.

Und dann -
sitze ich fast jeden Tag -
Manchmal bis in die Nacht hinein —
In meiner gemütlichen Küche und schreibe.

Eine Tasse duftenden Kaffee vor mir, mein schnarchendes
Hündchen neben mir, leise Musik hinter mir
und ganz viele ungeschriebene Worte in mir.

Also, bitte... von Bitterkeit, gerade jetzt - keine Spur!

Und eben höre ich das Lied „You`ll never walk alone"...

Sag ich doch!

Wir gehen nie alleine!

Das Neue... es kann kommen!

Zehn Jahre

Zehn Jahre noch -
Wenn's gut läuft...
Vielleicht...
Vielleicht auch weniger -

Und wenn sie gut wären, die Zehn?
Dann, ja dann - wäre ich ein Glückskind!

Und wie geht das?
Ein „altes" Glückskind zu werden?

„Viel Bewegung" – sagen sie...

„Sport, ohne Sport geht gar nichts" - sagen sie...

„Nimm bloß nicht so viele Pillen" - sagen sie...

„Immer schön positiv denken" - sagen sie...

„ Und - ABNEHMEN!" - sagen sie... ABNEHMEN!!!

„Spende was, für bedürftige Kinder oder Tiere" - sagen sie...

„Tu was für die Alten und Einsamen" - sagen sie...

Na toll!
Bin ich vielleicht 20, 30, 40, 50, 60, 70???

BIN ICH NICHT!!!

Da kann ich ja gleich wieder arbeiten gehen!
Vollzeit - oder was?

„Na gut, ein Versuch kann vielleicht nicht schaden" -
Sage ich mir...

Waren Miss Sophie und Butler James nicht auch
ziemlich „alte Glückskinder?"

Eines weiß ich allerdings gewiss...
Mit Bindungen -
Freundschaften zu Mensch und Tier...

Freue mich auf die nächsten „Zehn"

144

Inhaltsverzeichnis